諷 詩 調 · 30

2013년 4월

박진환 제48시집

지성 · 감성의 메타언어
조선문학시인선 · 345

諷 詩 調 · 30

2013년 4월

조선문학사

■ 책머리에

諷詩調는 시대 · 현실을 증언하는 미학이다

諷詩調는 그때그때 시대나 현실, 전반에 걸친 세태나 자행되는 추악상을 예술적 승화를 거쳐 담아내는 시로 쓰고 시로 읽는 역사를 비춰주는 거울이요, 증인의 증언으로 씌어진 미학이다.

2013년 初夏

박 진 환

박진환 제48시집 / 諷詩調 · 30

2013년 4월

차례

지옥 불맛 안 볼지

한국이 자랑하는 원전 불량부품 사용으로 3분의 2가 가동중단
올여름 뜨거운 연옥 맛을 봐야 정신 차릴 모양인데 그보다는
불량부품으로 조립된 원전 수출했다가 지옥 불맛 안 볼지

국제 조심

국제 뭐라고요? 국제자 들어갔다 하면 조심조심 또 조심
비리도 국제 수준이라는 국제 앞에 붙인 영혼 국제중도
국제 왕따 하시모토도 국제 앞에 붙인 구제불능 신세거든

불량꼼수나

원전 불량부품 제보 받고 찾아내고선 발견했다고?
거기다 원전 사과 한마디 없이 전력부족 걱정만 늘어놓다니
원전 불량부품 같은 불량꼼수나 끼워 넣지 않았는지

만사개여몽에 다름 아닌 것을

초등학교 선생은 교장, 대학교수는 총장, 정치가는 대통령
제마다 목표를 향해 꿈을 실현하고자 희망하여 나아가는
눈 뜨고 꾸는 꿈 희망도 만사개여몽에 다름 아닌 것을

※ 만사개여몽(萬事皆如夢) : 이 세상의 모든 일이 꿈같다는 말.

꿈에서도 못 써봤으니

돈과도 출세와도 인연이 먼 시, 시인의 꿈은 무엇일까?
노벨문학상? 아니면 좋은 시 쓰는 일? 글쎄? 꿈으로 꾸는
노벨문학상은 개꿈이고, 참 꿈 좋은 시는 꿈에서도 못 써봤으니

딱인데

남은 정부차원 회담을, 북은 민간차원 회담을
회담보다 기싸움 즐기지나 않나 하는 생각 왜 들까?
한편에선 정부차원, 한편에선 민간차원 회담 동시 개최면 딱인데

글렀나싶네

원전사고 근본수술로 전력증산할 생각보다
전력소비 막기 위해 에어컨 끄기에 주력이라
하이고로 높이는 땡볕더위 수은주에 연옥살이 면하긴 글렀나싶네

세계수준급

인도 성폭행 잦은 걸 보면 이유 있을 듯
정신연령 · 도덕연령 · 종교연령 어린애 수준 못 면했는데
유독 그것만 세계수준급으로 웃자란 탓

그래 좋겠다

일본 천황 찬양 만세 삼창 반사이 반사이 반사이
뭐라고? 밤사이 어쨌다고? 밤사이 안녕하시냐고?
그래 좋겠다, 밤사이 군국주의 우익화 밀월로 그 짓 즐겼으니

체병에 걸려가지고선

한국 가계부채 1천조원, 국가 부채 500조원 저리가라야
제마다 목에 힘주며 중산층 어떻고 해쌋더니
빚쟁이 주제에 잘산체 잘난체, 체병에 걸려가지고선

그 짓에서 찾고 있으니

인도하면 구도인 떠올리는데, 그게 인도 거구로 도인인 때문이었네
헌데 인도인들 가야할 도인의 길 잘못 들어섰나봐
성범죄 잦은걸 보면, 극락은 마음에 있는 건데 그 짓에서 찾고 있으니

눈들만 성해가지고선

아내는 날보고 풍시조에 미쳤다고 하는데 제자들도 그런 눈치다

그래 미쳤다, 돈·술·정치·그 짓에 미친 것보다야 안 낫냐

미쳐보지 못한 게으른 주제에 눈들만 성해가지고선

검은 것을 더 좋아하거든

서식환경 좋아 백로 구름떼로 모여들었다던데 잘못 온 건 아닐지?
　독극물에 고기떼 죽었다하면 강째 뒤집히기 일쑤인데, 혹여
흰빛 좋아한다고 왔다면 오산, 지금은 검은 것을 더 좋아하거든

약이 곧 독

늙으면 약과 함께 산다더니 머리맡엔 온통 약병 약봉지뿐이다
아파서 먹는 약은 어쩔 수 없으나 안 아프려고 미리 먹는 약까지
옛분들 약능살인이라 했거니, 약이 곧 독이 될 수 있음이 아니던가

까망물 안 들지 걱정 중

백로떼 강줄기 찾아 모여든 걸 4대강 친환경 때문이라기에
물었더니 백로 왈 "웬걸요, 물은 맑은데 여직 동취내 안 씻겨나가
이러다 백로들 까망물이나 안 들지 걱정 중"이라하데

이 시대의 주어

전쟁 · 테러 · 핵은 악의 주어이자 이 시대의 주어
주어로 본 이 시대는 전쟁 · 테러 · 핵으로 얼룩진 어둠
어둠 밝힐 빛, 덕 있긴 헌데, 어쩐다 빛 잃은지 오래인 것이어서

극과 극 남북

핵을 신앙 · 종교 · 보물 · 국보로 아는 북녘
핵을 악 · 저주 · 재앙 · 파멸로 아는 남녘, 이쯤되면 왕 양극
극과 극은 통하고, 양극은 일치한다던데 어쩌나 남북 불통 · 불일치니

어버이날에

백만장자 부럽지 않게 물려받은 유산 사랑
받을 줄만 알고 갚을 줄은 몰랐던 못난 불효
어버이날만 되면 도지는 풍수지탄을 어찌 하오리까 어머니

※ 풍수지탄(風樹之嘆) : 나무가 조용해지고자 하나 바람이 자지 않음을 한탄한다 함이니 부모에게 효도를 하려고 해도 이미 돌아가시고 안 계심을 한탄하는 말.

날 것으로?

이 시대의 주어로 뭐가 없을까?
평화 · 사랑 · 선 · 행복 · 영성, 이런 사탕 바른 말 말고, 반지돌림
반패권주의 · 반테러 · 반핵, 이런 피 묻은 말 말고, 날 것으로?

속대발광욕대규 못 면하는데

석가탄신일 · 어린이날 · 어버이날 · 스승의날 · 성년의날 · 부부의날
5월은 길일로 도배됐다만, 좋은 날이면 뭘하나
재채기 콧물에, 눈 · 코 · 귀 가려움증까지 속대발광욕대규 못 면하는데

개떡 같다

제자 한 사람이 유명메이커 술 한 박스를 사들고 왔다
술 좋아한 걸 알고 반주삼아 즐기시란 사은의 뜻 어찌 모르겠냐만
알레르기 비염에 술 두고도 못 마시는 처지가 에취 개떡 같다

무슨 안방 문짝인가

대화의 문도 열려 있고, 포대의 포문도 열려 있고
3·8 철조망은 닫혀 있고, 개성공단 출입구도 닫혀 있고
열렸다 닫혔다, 한반도가 무슨 안방 문짝인가, 열었다 닫았다 하게

꿈꾼 건 아닐지

인간은 유한을 살다가면 그뿐, 사후는 없다는 어느 석학의 말

글쎄, 가보지 못했으니 알 순 없지만, 짐작컨대

유한한 소의로 무한을 동경, 천당이나 극락을 꿈꾸게 된 건 아닐지

망상이냐?

인간의 욕망 중 그 중 큰 욕망은 무한에의 도전
유한도 제대로 못 마친 주제에 무한까지 넘보다니
욕망이냐? 이상이냐? 둘 다냐? 망상이냐?

소인배 정치인

정치적 거짓말과 역사적 참발을 할 줄 알아야 큰 정치가
일 아베, 역사적 참말 할 줄 알았으면 큰 정치가 됐을 것을
어쩐다, 역사마저 거짓말쟁이 됐으니 못 면하는 소인배 정치가

인사법

알레르기 비염에 코가 꿰어 김이비인후과를 찾았는데 첫인사인즉

안녕하시오 대신에 "자주 뵙지 말아야 하는 건데"다

헤어질 때도 또 뵙시다 대신에 "자주 뵙지 맙시다"가 인사법이다

인간은 지니지 못했으므로

신에겐 유한도 무한도 없다. 태어난 적이 없는 존재무니까
헌데 어찌하여 존재무가 존재유를 지배하는 것일까
자기 자신을 지배할 수 있는 능력을 인간은 지니지 못했거든

분수 밖의 것이어서

살아간다는 것만으로도 벅차고 힘겨움이 형벌인데
참 삶, 보다 나은 삶, 바람직한 삶다운 삶이라니
그런 사치 · 그런 호사는 방언처럼 분수 밖의 것이어서

더러워서

재채기 콧물에 눈·코·귀 동시다발 가려움증에
목을 죄어오는 기관지천식에 숨찬 해소기까지
비염앓이로 죽는 법은 없겠지만 사는 법치곤 더러워서

돌팔이 같으니라구

이비인후과 원장 왈 "그러려니 하고 사셔" 비염환자에게 하는 말이다

환자 왈 "그게 처방전인가요?"

"예, 그러려니 하고 사세요" 혀 끝에 맴돌다 삼킨 "돌팔이 같으니라구"

성한 놈 몇이나 되겠나

무병장수는 옛말, 지금은 유병장수시대
말 되네, 거꾸로 돌렸더니 壽長有病일세
허긴 세상이 온통 발병지대이니 성한 놈이 되레 병자인 게지

한 컷

오래 전 일, 내자와 산행중 때 되어 자리 펼치는데 저만치서 10여 등산객 둘러앉아 "자 동탁선생님 시 한편 읊세" 하고 돌아가며 「승무」 한 구절씩 읊곤 건배했다, 스승의 날이면 떠올리는 한 컷

××××, ××

청와대 대변인이, 그것도 대통령 방미 수행했다가 성추행 유행가 가사에 왜 항상 그러니, 미련곰탱이 어쩌고 하던데 미련 ××××, 마지막으로 느린 저음 더 느리게 용서 빌어 ××

뭐야? · 1

뭐야, 청와대 대변인이 대통령의 얼굴이고 분신이면
뭐야, 그 대변인이 대통령 수행했다가 성추행 저질렀다면
뭐야, ? ?, 세 번 묻고 세 번 놀래는 이 경기는 또 뭐야?

참말인갑네

어물전 망신은 꼴뚜기가 시킨다는 말 틀린 말 아니고
소 잃고 외양간 고친다는 말도 빈 말 아닌 참말?
꼴뚜기 먹물 튀기고 뻐락지 암내 맡고

1호

박 대통령 발탁 1호 윤창중 1호답게 1호 값했어
방미 특종 1호에 1호 활자로 톱뉴스 됐으니 1호감 아니던가
그뿐인가, 낙마도 1호답게, 1호 값한 1호

윤창, 윤창중, 한류 되겠어

윤창중, 이름값 하느라 입입마다 불러대는 이름 윤창 됐어
싸이도 저리가라, 조용필, 효리도 저리가라여
입입마다 옮겨 부르는 돌림노래 중창에 윤창, 윤창중, 한류 됐어

폭행차원이지

머리만 쓰다듬어도 성추행인데 엉덩일 만졌으니 딱 걸렸지
것도 그냥 만졌나, 주무르듯 만졌으니 그 짓이 분명하지
거기다 알몸이었데, 이만하면 추행차원이 아닌 폭행차원이지

번지수가 틀렸잖냐고

만졌건, 툭툭 쳤건, 꼬집듯 주물렀건 왜 그랬냐고
하려면 제대로 하지, 엉덩이가 뭐냐고?
번지수가 틀렸잖냐고?

딱 걸리거든

밀봉 · 불통에 먹통인 줄 알았더니, 아니였어
그 짓에 도가 텄던 게야; 창중이 곧 창증이거든
권력에 배불러 봐; 瘡氣에 딱 걸리거든

사과

푸른집에 사과밭 있다는 말 과문 탓인지 듣지 못했는데
요즘 푸른집 사과가 대풍이라데
헌데 맛이 왜 이래? 달도 시도 않고 얼굴 붉히는 부끄럼 맛뿐이니

사과밭

푸른집 양반들 사과만 보고도 경기할 판
소태맛에 치가 떨렸거든
헌데 어쩐다, 민초들 푸른집에 사과밭 가꿔야 한다니

이 맛이 무슨 맛이더라?

대통령 사과, 비서실장 사과, 사과 사과 사과
사과는 대풍인데 무슨 맛이 이래?
붉힌 얼굴 들 수 없는 이 맛, 이 맛이 무슨 맛이더라?

보나마나가 아니야

속옷 · 알몸 · 엉덩이 · 만졌다, 꽉 쥐었다, 보나마나지
관능은 영혼의 무덤이라던데
영혼뿐인가? 육체 · 명예 · 인격의 생무덤, 보나마나가 아니야

얼굴에 먹칠하기거든

청와대 대변인은 대통령의 얼굴이자 분신이라고?

그건 입 제대로 놀렸을 때 얘기이고

한 입으로 두 말하면 얘긴 다르지, 얼굴 아닌 얼굴에 먹칠하기거든

얼굴에 대변 칠한 거구나

엉덩이냐? 허리냐? 만졌느냐? 툭툭 쳤느냐? 속옷이냐? 알몸이냐?
입은 하난데 말을 둘이니 혀가 둘인 다변인가? 대변인가?
대변인, 그렇구나 그래서 얼굴에 대변 칠한 거구나

혀 둘인 것이 뭐더라?

한 입으로 두 말하면 혀가 둘인 때문
엉덩이냐? 허리냐? 만졌느냐? 툭툭 쳤느냐도 그 때문
허면, 혀 둘인 것이 뭐더라?

윤창중창 떴거든

한류? 그거 별 거 아니여
요즘 입에서 입으로 건네는 입 노래 윤창에 중창 한류 됐어
싸이, 조용필, 이효리 저리가라여, 창이 대세, 윤창중창이 떴거든

헛소리하고 있어

그 고운 나랏님 얼굴에 먹칠로는 부족해 대변 칠하다니
대변인의 대변이 대변인 줄 미처 몰랐어
그래도 대변인이 대통령 얼굴이고 분신이여, 헛소리하고 있어

배터지겠지

법구경에 거짓말을 하면 지옥에 떨어지고, 거짓말 하고도 아니 했다 하면 두 겹의 죄를 함께 받는다 했거니, 거기에 한 술 더 떠 밥 먹듯이 하면? 뭘 묻나, 거짓말 과식으로 배 터져 죽지

그런 사람 있지

잘못을 모면하려고 속이는 것도 죄, 속여 모면하는 것도 죄
죄인 줄 알면서 속이는 것도 죄, 죄는 속일수록 죄어오는 동아줄
그런 사람 있지, 죄 밧줄에 제가 묶여 단두대에 선 어떤 대변인

아베식 제식 교련

지금부터 내 구령에 맞춰 제식 교련을 실시한다
우향우, 우향우, 우향우, 우향우, 우향우, 우향우, 우향우
별명이 없는 한 계속 우향우, 좌향좌가 없는 아베식 제식 교련

고집 아닌

나랏님 수첩엔 많은 동량재 이름이 적혀 있다던데
많으면 뭘 하나, 쓸 만한 인물이 있느냐? 없느냐가 문제지
그보다는 고집 아닌 공재공망이거나 간국지기 가려쓰느냐? 아니냐?지

※ 공재공망(公才公望) : 정승이 될 만한 재덕과 인망이 있음.
※ 간국지기(幹國之器) : 국가를 다스릴만한 기량이 있음을 뜻함.

꼴이 그래

큰 인물은 그를 부릴만한 인물이 없기 때문에 쓸모가 없다※
바꿔 말하면 부리는 쪽이 쓰임 쪽의 그릇보다 더 작다는 뜻
해서 작은 그릇에 맞춰 담다보니 꼴이 그리 돼, 윤창중 꼴 봐

※ 杜甫의 古栢行에 나오는 말.

생무덤 되고 있어

관능을 영혼의 무덤이라고? 아냐, 생지옥이야
성추행으로 세상과 담쌓고 살면 그게 바로 생지옥이지
어느 대변인 봐, 살고 있는 APT가 산채로 생무덤 되고 있어

망국 못 면해

요즘 일본 극우 망령이 되살아났나?
망언에 막말 사촌까지 동원, 망자 돌림 즐기던데, 좋아하지마
돌리고 즐기다 종국엔 망자 돌림병 창궐하면 망국 못 면해

왜 못 보시나

일본에 한국 창녀 우글우글하다고?
하이고, 국제 경제 창녀가 남 말하기 좋아하시네
우향우, 극우에 환장한 극우파 우글우글한 시궁창은 왜 못 보시나

이미 오래란 걸 알잖아

미국에서 한국인 성추행 또 발생해 교포들 얼굴 못 들어
어쩌다 코리언, 그 짓에 사족 못 쓰게 됐는지 알다가도 모를 일
모르긴, 동방예의지국 옛말된지 이미 오래란 걸 알잖아

아베 훈련소

우향우, 일제식 훈련 구령에 맞춰 일제히 일제답게 우로 돌아
좌향좌, 좌향좌, 소리치고 쳐도 방언인양 먹통 부동자세
어느 나라 훈련소가 저 모양이냐고? 일 아베 훈련소

힘없는 놈은 구경이나 할밖에

인권권익위에 의하면 성추행 · 성희롱 61%가 권력형
그나마 범죄라고 생각 않는다는데, 침어주색은 옛말이여
지금은 계집도 권력 있는 놈 차지, 힘없는 놈은 구경이나 할밖에

※ 침어주색(沈於酒色) : 술과 계집에 마음을 빼앗김을 뜻함.

그런 특허품 있었네

5·18 광주만행 북녘 군대가 저지른 만행이라고?
역사왜곡 망언 일 특허품인줄 알았더니, 아니었어
코리아에도 일제보다 성능이 우수한 그런 특허품 있었어

누구 얘긴데?

생매장 · 생무덤 · 생지옥이면 삼생? 아니지, 세 번 죽은 삼사지 삼 · 사를 합치면 럭키세븐, 곱하면 12, 13보다는 길수가 아니던가 지옥살이 하는 놈이 럭키면 뭘 하고 길수면 뭘 해? 누구 얘긴데?

그 두려움 벗하고 산다

해마다 도지는 고질병 알레르기 비염
코 막아 숨통 죄다가 이젠 목구멍 막아 죄는 숨통
이러다 비명 아닌 비염에 일 안 날지, 그 두려움 벗하고 산다

천분타령

아내는 막힌 코, 냄새완 담 쌓고 사는데
사내는 비염 치료 덕에 민감한 명코로 살아
내외가 이리 엇박자니, 천분이 아니었나? 이런 천분으로 사는 거냐?

워낙 깊은 누수여서

소통 소통 소통 나랏님은 대통으로 이어지길 바라는데
분통 분통 분통, 왜? 민초들은 분통으로 끓어내는 것일까?
어딘가 막힌 물꼬 있을 텐데, 워낙 깊은 누수여서

무덤 파지

파고 파고 파면 깊은 무덤이 되는데
波高 파고 파고, 일 망언 비난여론 파고는 하늘 높은 줄 몰라
저러다 높은 파고 쓰나미로 덮치면 파고 파고 무덤 파지

뭐야? · 2

세상이 온통 윤창중창으로 시끌벅적 한데, 뭐야?
5 · 18 님의 행진곡 합창으로 맞불 놓자는 거야
　자라보고 놀란 가슴 솥뚜껑보고 놀란다더니

그 속내 누가 알아?

5 · 18 광주민주화 기념식에 참석한 박 대통령
「님의 행진곡」 합창 때 따라 부르지 않았다던데
몰랐던 걸까? 추모의 염이 없었던 걸까? 그 속내 누가 알아?

아냐

일파만파, 쓰나미로 덮쳐오는 윤창중 파
관능은 영혼의 무덤이라던데, 아냐
무덤도 없이 산 채로 익사한 생매장 생무덤 생지옥이야

남북

웃고 웃고 또 웃으면 끝내는 울음이 나오데
울고 울고 또 울어봐, 끝내는 웃음이 안 나오던가
극과 극은 통한단 뜻, 헌데 웃고 울어도 안통하는 극과 극, 남과 북

누수 탐지기 작동

MB 정부 시작과 함께 끝날 날에 맞춰 돌렸다는 MB 시계
박근혜 정부 출발에 맞춰 수맥 짚기 시작한 누수 탐지기 작동
물방울이 모여 강을 이루고, 몇 방울 누수가 천길 둑을 무너뜨리느니

기가 막힐밖에

개성공단 두고 밀고 당기는 남과 북이 벌이는 기싸움
서로 지지 않겠다, 서로 이기겠다, 그거 같은 거 아닌가
같은 것을 두고 서로 달리하니 불통, 불통이니 기가 막힐밖에

장군·멍군 따져 뭘 하겠나

남녘 대화 제의에 북녘 미사일로 응답
쌀 배터지게 보낸다면 핵으로 대답할까?
마주 앉아 즐기는 象戱 아니니 장군·멍군 따져 뭘 하겠나

기름띠 아닌 맹물띤데

중국은 산에서 산으로 기름띠를 둘러 또 하나 만리장성을 쌓던데
우리는 강물마다 둑으로 막아버려 흐르는 물로도 띠 못 둘러
허긴 띠 두르면 뭘 해, 기름띠 아닌 맹물띠 못 면할 텐데

수장 면키 어려울 텐데

일, 아베 수상 발언 수위 높여 익사 수위
저러다 비난여론 지진 일으키면 노도로 일어서
일어서 쓰나미로 밀려들면 수장 면키 어려울 텐데

아베 궤변

일, 아베 수상 위장병에 걸렸나봐, 궤변 잦은 것 보면
역사 소화불량증이 토해낸 트림이 궤변이거든
궤변으로 끝나면 좋은데 그거 다 대변으로 토해내면 어쩌지

象戱 언제쯤 끝날지

남녘 대화제의에 북녘 미사일로 응답
남녘 도발억제 요구에 북녘 또 미사일로 대답
장군·멍군 훈수로 안 통하는 맞수 象戱 언제쯤 끝날지

ㅁ자 돌림병

일, ㅁ자 돌림병 창궐했나봐

망언 · 망발 · 막말 등 ㅁ자로 전염되는 돌림병

한글 자음 ㅁ의 순음원리 배우면 말짱히 교정될 텐데

자충수 두었으니

북, 미사일 발사로 미 탄도미사일 발사유도
비난구실 삼는데 성공했으니 축하하네
헌데 어쩐다, 스스로 불덩이 불러들이는 자충수 두었으니

장군·멍군 즐기게

이보시게들, 말로 하자는데 미사일 쏘아댈 건 뭐고
새끼 미사일 쐈다고 어미 탄도미사일로 맞불 놓을 건 또 뭔가
미사일 발사가 무슨 장기판 놀음인가, 장군·멍군 즐기게

파한삼아 즐길만하지

세계를 무슨 장기판쯤으로 아는 걸까?
차고 받고 포로 때리고 졸로 밀어붙이는 象戱
거기다, 구경꾼도 훈수꾼도 있으니 파한삼아 즐길만하겠네

대출안내 FAX

수시로 받아보는 FAX, 내용인즉 대출안내
돈이 남아돌아간다는 건지, 돈 없는 사람들이 많다는 건지
무슨 상관, 애시당초 인연 없으니 남아돌아도 그만, 없어도 그만

광신도다

악마와 천사의 두 얼굴을 가진 아도물
악마는 신이고 천사는 그 시녀다
나는 그를 신앙하는 절대 신앙의 광신도다

과문 탓인가

살인진드기 공포에 방충제 살충제 독나 독으로 독에 맞대응
물지 않고도 피 빨아 살인하는 인공 황금진드기도 득실득실
헌데도 방충제 · 살충제 독났다는 소문 못 들었으니 과문 탓인가

득실득실 진드기 세상

숲엔 물렸다 하면 목숨 버리는 살인진드기 득실득실
빌딩숲엔 물지 않고도 목숨 앗아가는 황금진드기가 득실득실
득과 실 따질 줄만 알고 죽을 줄은 모르는 득실득실 진드기 세상

고지이소자소명

고지이소자소명이라 했던데 나는 어떤 종일까
평생 가르치긴 했는데 크건 작건 종소리 못 울려봤으니
그렇긴 해도 학교종이 땡땡땡 어서 모여라 내가 쳐본 종소리지

※ 고지이소자소명(叩之以小者小鳴) : 종을 크게 치면 크게 울리고 작게 치면 작게 울리듯이 스승은 종과 같다는 禮記에 나오는 말.

그릇 밖의 것까지 욕심낼 수야

서생자처하면서도 四書三經도 제대로 못 읽었어
평생 옆에 끼고 살아온 책이 고작 국어사전이었거든
사전 하나면 내 그릇 채우기엔 충분, 그릇 밖의 것까지 욕심낼 수야

요즘 세태가 그래

스승의 날 맞아 꽃다발이며 꽃분 몇 개가 들어왔다
꽃보다 마음을 읽고 더 좋아해야 할 텐데 꽃이 더 좋다
실은 꽃·마음보다 더 좋은것도 있지, 배춧잎, 속물들은 그래

동굴의 왕인 거미집의 포로다

종일 면벽하고 앉아 생각을 뽑아내 겹겹의 울타리를 쳐 본다
나선형 거미집이 한 채 제 실에 제가 결박된 채 갇혀있는 거미 한마리
나는 시방 동굴지기이자, 동굴의 왕인 거미집의 포로다

꼴자로 놀기

꼴뚜기 한 마리가 먹물을 퉁겨 주인 얼굴에 먹칠을 했다
꼴에 꼴린 굶주림 말처럼 꼴로 그 짓 달래려 했다니
푸른집에 어물전 말고도 마구간도 있었던 모양이네

불행과 행복

남의 불행을 행복으로 즐기는 불행
불행을 행복으로 착각한 행복
그 착각이 불행임을 깨달았을 때 비로소 깨닫는 행복

묻노니 · 1

능력 없이 분수 밖 바라기보다 능력껏 분수 지키며 사는 일
줄이고 살면서 부족함으로 자족할 줄 아는 삶
묻노니, 그런 삶 즐기고 살면 바보일까? 어짐일까?

참 삶인 것을

욕심을 버리면 부러울 게 없고, 부러울 것 없으면 족함인 것을
사람들은 항시 족함을 깨닫지 못하고 채우지 못해 부러워할까
부러워하지 않는, 족함보다 부족함으로 족한 줄 앎이 참 삶인 것을

깨어 있는 삶

꿈꾼 만큼 펼치고 사는 복됨은 분수 밖
어찌 분수 밖의 것을 바라며 꿈꾸겠는가
비록 고달픈 삶일지라도 꿈 아닌 깨어 있는 삶 꿈꾸고 싶거니

그걸 볼 수 있어서

CJ, 저지를 수 있는 불법은 다 저질렀던데
어째 전엔 그게 안 보였던 걸까? 보고도 눈감아줬던 걸까
다행인건 정치 안과술 발달로 눈뜬 소경들 그걸 볼 수 있어서

달갈빵 쏜 게지

망언 일삼는 일본분들 아무리 망각증 심해도 그렇지
조상들이 저지른 죄 망각하다니, 허긴 상것들이 조상인들 알까
안중근 달리 알 까 쐈겠나, 망각에서 깨어나라고 달갈빵 쏜 게지

※ 달갈빵 : 순수한 우리말로 총살 또는 사형을 뜻함.

돌지 않고서야

스피드, 빨리빨리, 싸게싸게, 핑
문명의 벨트가 돌리는 축에 감겨 자연도 함께 돌았나보다
돌지 않고서야 어찌 하·동 이륜삼아 춘·추 추월해 앞서가겠나

심심해 죽을밖에

입 달리고 귀 달린 사람이면 너나없이 심심해 죽겠다데
윤창중창으로 돌려가며 즐겨 부르고 듣던 윤창중창 금지곡 돼
명창 부를 수도 들을 수도 없으니 심심해 죽을밖에

우리들 표정이 그래

얼굴은 얼굴 뒤의 마음으로 형이 만들어진다던데
칼로 저며 기미 · 죽은깨 · 저승꽃 긁어낸다고 새얼굴 될까
마음엔 얼룩이, 칼로 고친 얼굴엔 미소가 만발, 우리들 표정이 그래

남북은 극과 극의 먼 거리여서

정부는 정부끼리, 민간인은 민간인끼리 만나면 될 것 같던데
피차 밀리지 않겠다고 기싸움 앞세운 상식이 안 통하는 남북
상식은 두 점간의 최단거리라던데 남북은 극과 극의 먼 거리여서

•

박진환 시인은 전남 해남 출신으로 동국대 국문학과를 거쳐 중앙대 대학원을 졸업(문학박사)했다. 1960년 동아일보 신춘문예(詩) · 1963년 自由文學(문학평론)으로 문단에 데뷔했고, 국제PEN한국본부 사무국장 및 이사, 한국문협 고문을 역임했다. 제9회 시문학상, 제3회 비평문학상, 펜문학상, 윤동주문학상 등을 수상했고, 한서대학교 교수 및 예술대학원장을 역임했으며 현재 월간『조선문학』발행인 겸 주간으로 있다. 중요 저서로는 시집에『귀로』,『사랑법』,『꽃시집』,『三行詩抄』Ⅰ~Ⅺ『諷詩調』,『박진환시전집』Ⅰ · Ⅱ · Ⅲ · Ⅳ · Ⅴ,『物神時代』Ⅰ · Ⅱ · Ⅲ · Ⅳ · Ⅴ,『동굴일지』Ⅰ · Ⅱ · Ⅲ · Ⅳ · Ⅴ,『2012년 8월』에서『2013년 7월』까지 51권의 시집이 있고 평론집으로『한국현대시인론』,『현대시론』,『21C시학과 시법』등 다수와『한국시의 공간구조연구』,『21C 시학』,『시창작론』,『諷詩調詩學』외 다수의 역저가 있다.

•

조선문학시인선 345

諷 詩 調 · 30

2013년 4월

2013년 7월 20일 인쇄
2013년 7월 30일 발행

지은이 / 박진환
발행인 / 박진환
펴낸곳 / 조선문학사
등록번호 / 1-2733
주소 / 110-092 서울 서대문구 홍제2동 96-4
전화 / 02-730-2255
팩스 / 02-723-9373

ISBN 978-89-98115-26-5

정가 10,000원